I0026484

172
7°

PROBLÈME SOCIAL

CONSIDÉRÉ

AU POINT DE VUE DE LA MORALE PUBLIQUE

UNIR A JAMAIS

LA MONARCHIE ET LE PEUPLE;

Par M. BELMON,

Ancien professeur de l'Université.

> L'Europe est une vaste chaudière, dont la soupape se trouve dons les principes de 1789.
> Celui qui écrit pour l'humanité, ne doit flatter ni le pouvoir, ni le peuple.

DÉPOT UNIQUE

Chéz DELBOY Père, Libraire,

Rue de la Pomme, 71, Toulouse.

TOULOUSE.

DÉVELOPPEMENT DU PREMIER CHAPITRE.

BIBLIOTHÈQUE NATIONALE R.F. IMPRIMÉS.

Depuis longtemps on répète :

1. Dans un changement de gouvernement, il n'y a de changé pour le pauvre que le nom du maître.

2. Les maux publics retombent sur le peuple.

3. Dans une révolution, les riches ont tout à craindre.

4. Les peuples pâtissent des sottises des rois.

5. La raison du plus fort est toujours la meilleure.

La raison du chat est dans ses griffes, celle du bœuf dans ses cornes, celle du lion dans sa puissante mâchoire ; mais l'homme social ne doit voir sa supériorité que dans la raison et l'intérêt de tous.

—

Ces adages vrais, mais injustes, ne sont fondés que sur l'intérêt des mauvaises passions ; si ces passions pouvaient être réglées par une constitution forte et par des lois équitablement appliquées, les peuples cesseraient de se plaindre, et ceux qui les gouvernent n'auraient pas à craindre le cri de la nature qui n'est autre que la voix de Dieu. « *Vox populi, vox Dei.* »

La constitution sera forte, quand elle sera fondée sur le principe d'égalité par la puissante initiative du souverain, avec le concours des deux chambres et la sanction du peuple convoqué tous les trois ans pour l'election de ses mandataires. Une telle constitution devient de plus en plus nécessaire pour assurer les droits du peuple, la stabilité du Monarque et l'intérêt de tous, pourvu que le principe d'égalité n'ait pas d'effet rétrograde, et qu'au lieu d'emporter les titres acquis, il ne tende qu'à leur donner plus de distinction, plus de lustre pendant la vie de ceux qui les possèdent.

L'égalité absolue ne peut être réclamée que par des révolutionnaires, des ignorants, des pervers. Nous ne sommes pas égaux par état de nature, puisque nous naissons avec des facultés de corps et d'esprit bien différentes; nous le sommes encore moins par état social, puisque la société n'existe que par une dépendance mutuelle. Il est donc nécessaire que les plus raisonnables commandent, afin que les mauvaises passions des uns ne puissent servir à l'oppression des autres, que le faible soit protégé contre le fort, le bon contre le méchant et que l'homme de cœur toujours prompt à se dévouer pour le bien, soit distingué de l'égoïste qui ne pense qu'à lui, ou du lâche qui se cache au moindre danger. Il faut qu'il y ait des savants et des ignorants, des riches et des pauvres pour exciter l'émulation, encourager l'industrie, récompenser le travail; mais la faiblesse de l'homme et la mobilité des institutions réclament une constitution souveraine fondée sur des principes constants, immuables, approuvés par la raison et l'intérêt de tous.

PRINCIPES.

I.

Tout ce qui vient de Dieu est éternel comme lui; tout ce qui vient de l'homme est mobile, changeant, périssable.

Le ciel, la terre et la mer portent le caractère de la divinité ; ce caractère n'est pas moins évident dans la *vérité*, la *justice* et la *charité* que le Christ prêcha au monde, que les philosophes ont déduit de leurs principes, et que nos pères de 1789 mirent enfin en pratique pour la garantie du Monarque et du peuple.

Si l'antique monarchie s'abîma dans la république, cela ne tint qu'aux préjugés de la cour, à la faiblesse du Monarque, aux détenteurs obstinés d'injustes privilèges.

II.

Toute doctrine qui porte le caractère divin indiqué art. 1, telle est la doctrine du Christ, dégagée de l'enthousiasme et du style des hommes.

III.

Les principes de 1789 formulés par les plus grands hommes de l'époque et scellés de leur sang.

IV.

Le suffrage universel, droit divin de l'Empire, et le suffrage quinquennal, indispensable boussole pour assurer le droit et la justice de tous.

V.

L'intérêt général qui résume tous les principes.

Telle est la base inébranlable de toute institution religieuse, politique et morale.

LE SCEPTIQUE.

Il n'y a ni vérité, ni principes, dit le sceptique ; ce qui est vrai à Rome est faux à Pékin.

— Savez-vous, lui dis-je, ce que font 1 et 2 ? Cela fait 3.

— Donc vous connaissez la vérité.

Le sceptique. — Je ne parle pas des vérités mathématiques que tout le monde connaît.

— Soit ; mais êtes-vous bien sûr que le soleil se lèvera demain du côté qu'il s'est levé aujourd'hui ? R. Sans doute.

— Alors vous connaissez une autre espèce de vérité.

Et si quelqu'un vante à l'excès une marchandise dont il veut se défaire, ne cherchez-vous pas à connaître s'il dit vrai ou faux ?

R. Certes, je ne voudrais pas me laisser tromper.

— Donc pour la troisième fois, vous connaissez la vérité, et c'est tout ce qu'il faut pour vous faire goûter mes principes.

DIEU.

Dieu se manifeste très-dignement dans ses œuvres. Le ciel, la terre et la mer annoncent sa puissance. Il nous a donné des yeux pour voir, des oreilles pour entendre, l'intelligence et le cœur pour concevoir, sentir et aimer : tant pis pour ceux qui ne veulent pas s'en servir.

On peut lire les belles preuves de l'existence de Dieu dans Clarke, Fénélon, Bernardin de Saint-Pierre, Cousin-Despréaux, etc.

En attendant je vais exposer simplement ce que tout le monde peut vérifier.

PREUVE DE L'EXISTENCE DE DIEU, D'APRÉS LA FORME DE LA TERRE ET LA DISTRIBUTION DES EAUX.

La terre tourne sur elle-même en 24 heures ; ce qui fait l'alternative des jours et des nuits, du travail et du repos, indispensable à tous les êtres.

En tournant ainsi sur elle-même, la terre présente successivement toutes ses parties au soleil qui les éclaire, les échauffe et les rend productives.

Pendant qu'une moitié du globe jouit de la lumière du jour, l'autre moitié est plongée dans une nuit resplendissante d'étoiles, et alors on peut dire : « *Cœli enarrunt gloriam Dei.* Les cieux racontent la gloire de Dieu. »

La terre est parcourue, dans toute son étendue, par une suite de montagnes dont les cîmes arides attirent des nuages qui s'y condensent et se résolvent en pluie. Cette pluie filtre à travers les rochers dans de vastes cavernes autour desquelles paraissent des lacs dont les eaux, après avoir arrosé les hauts lieux, tombent dans des gorges profondes, roulent dans les vallées, s'étendent dans les plaines, entretenant partout la fraîcheur, l'abondance et la vie.

Les montagnes, en s'abaissant, forment une ondulation de collines et une variété de sites qu'on ne se lasse jamais d'admirer. Puis se relevant par degrés, elles atteignent d'autres masses de montagnes qui projettent leurs chaînes pour la meilleure distribution des eaux. De là une infinité de bassins par où toutes les rivières se rendent dans un fleuve qui, de plus en plus gonflé du tribut de leurs eaux, les roule majestueusement dans la mer par une large embouchure.

Toutes les eaux de la terre et du ciel se rendent ainsi dans la mer dont les vagues souvent irritées par les vents vont se briser contre des rivages qu'il leur est défendu de franchir.

C'est par cette merveilleuse distribution des eaux que la terre produit des herbes et des fleurs, des plantes et des arbres, des fruits et des moissons pour la nourriture des animaux, dont les uns nous fournissent leur lait, leur laine et leur fourrure, tandis que d'autres nous aident de leur force, de leur adresse, de leur intelligence, de leur instinct. L'intelligence de l'homme est seule capable de comprendre cette merveilleuse distribution des eaux, de s'élever jusqu'au créateur et d'en célébrer les merveilles.

En résumé, la beauté, la symétrie, l'ordre qui existe dans l'univers, la justesse parfaite avec laquelle chaque chose se rapporte à sa fin, tout montre jusqu'à l'évidence la présence d'un être tout puissant, d'un créateur infini dont la providence s'étend à tout.

L'HOMME.

De tous les êtres animés, l'homme seul contemple le ciel, embellit la terre, soumet à ses lois tout ce qui existe. Les autres animaux lui obéissent ou fuient à son approche ; c'est le roi de la création. Tous les autres animaux, penchés vers la terre, sont privés de la faculté de parler, et quand ils parleraient, ils ne pourraient pas lier leurs idées. Ce sont des machines animées incapables de perfectionner leur travail. L'hirondelle construit son nid toujours de la même manière. Les abeilles qui vivent en société n'apportent aucune modification à leurs ruches. Et le rossignol arrive au printemps pour nous réjouir de l'invariable mélodie de son chant. L'homme seul agit en liberté et donne à ses ouvrages un perfectionnement continuel. Ses inventions sont inépuisables et sa raison gouverne le monde. Comme homme politique et moral, il ne peut être aisément gouverné que par la *vérité*, la *justice* et la *charité*, d'après les lois de la nature, la doctrine du Christ sans allégories ni mystères, et les principes de 1789 fortement scellés par le sang de nos pères. Une société fondée sur ces principes se trouve dans les meilleures conditions de durée, parce qu'elle est fondé sur l'intérêt général qui ne connaît d'autre distinction que celle du mérite et de la vertu.

C'est en récompensant la vertu que Rome devint l'arbitre du monde ; mais comme elle ne connaissait de justice que pour ses concitoyens, elle fut attaquée par les esclaves et complètement renversée par les peuples barbares.

Si l'Angleterre est si puissante sur mer, c'est parce que la carrière de la marine est ouverte à tous ses concitoyens.

L'HOMME INSPIRÉ.

L'adresse de l'homme décuple ses forces, l'aspect du bien dilate son intelligence et son cœur. Plus il cultive ces nobles parties de lui-même, plus il s'élève vers son créateur. C'est ainsi que Socrate se sentit inspiré, que Napoléon Bonaparte fut regardé comme un homme providentiel, et que le Fils de l'Homme put se dire *Fils de Dieu*.

Un docteur de la loi ayant dit à Jésus pour l'éprouver : Maître, quel est le plus grand commandement de la loi? Jésus répondit aussitôt : « Tu aimeras le Seigneur ton Dieu de tout ton cœur, de toute ton âme, de toute ta pensée. » Et voici le second : « Tu aimeras ton prochain comme toi-même. » Ces paroles portent le caractère de la Divinité, parce qu'elles conviennent aux hommes de tous les temps et de tous les lieux.

Après avoir ainsi distingué la doctrine du Christ, ses conseils sur la prière, l'aumône, le jeûne et autres passages dont on pourrait faire le Code religieux et moral de l'humanité, je ne puis m'empêcher de dire avec Jean-Jacques Rousseau :

« La majesté des Ecritures m'étonne, la
» sainteté de l'Evangile parle à mon cœur.
» Voyez les livres des philosophes avec toute
» leur pompe, qu'ils sont petits près de celui-
» là ! se peut-il qu'un livre à la fois si sublime
» et si sage soit l'ouvrage des hommes ! se
» peut-il que celui dont il fait l'histoire soit un
» homme lui-même ! est-ce là le ton d'un en-
» thousiaste et d'un ambitieux sectaire ? quelle
» douceur ! quelle pureté dans ses mœurs !
» quelle grâce touchante dans ses instructions !
» quelle élévation dans ses maximes ! quelle
» profonde sagesse dans ses discours ! quelle

» présence d'esprit! quelle finesse! quelle jus-
» tesse dans ses réponses! quel empire sur
» ses passions! où est l'homme, où est le
» sage qui sait agir, souffrir et mourir sans
» ostentation? Oui, ajoute Rousseau, « Si
» la vie et la mort de Socrate sont d'un sage,
» la vie et la mort de Jésus sont d'un Dieu. »

C'est la conclusion du rhéteur; mais le
philosophe ne peut voir dans la vie et la mort
de Jésus qu'un homme parfait envoyé sur la
terre pour enseigner au monde le véritable
chemin de la vie. Comme le plus sage des
hommes, Jésus a pu se dire *Fils de Dieu*,
parce qu'il se sentait véritablement inspiré;
mais le véritable *Fils de Dieu*, c'est la grande
œuvre de la création constamment exposée à
la vue et à la raison de tous; c'est dans cette
œuvre de Dieu, c'est dans la nature que se
trouvent les types de toutes les perfections intel-
lectuelles, religieuses, politiques et morales.

RAISON, CONSCIENCE.

La *raison* a été donnée à l'homme pour di-
riger ses actions et la *conscience* pour les me-
surer. La conscience, d'accord avec la raison,
conduit l'homme au bonheur. Celui qui s'en

écarte est ennemi de Dieu, du Monarque et du peuple.

La raison, aidée de la science, découvre dans toute la nature une intelligence infinie que nous appelons Dieu. Cette intelligence, inégalement répartie à tous les êtres, a été donnée à l'homme à un degré supérieur, afin qu'il pût contempler la nature et remonter jusqu'à son auteur. Cette intelligence, exprimée par la voix de tous, a imprimé son caractère divin dans l'illustre race de Napoléon qui rappelle le choix, la force et la gloire de la France ; mais le suffrage quinquennal, cauchemar perpétuel des ennemis de l'Empire, aura encore à se défendre contre les aveugles partisans de l'inégalité, de l'injustice et des abus, malgré le cri de la nature, la doctrine du Christ et les principes de 89.

LIBERTÉ, MORALITÉ,

Outre la raison et la conscience, Dieu a donné à l'homme la liberté pour le rendre capable de mérite et de démérite. Malgré son immensité qui le rend nécessairement présent dans nos cœurs, il veut que notre bonheur ou notre malheur dépende surtout de nos intentions et de nos œuvres. Il n'est pas moins vrai de dire : « L'homme propose et Dieu dispose. »

On peut abuser de la liberté, de la fraternité, de l'égalité ; mais la *vérité*, la *justice* et la *charité*, types éternels de la Divinité, sont agréables à tous les hommes et généralement recherchés.

LIBERTÉ DES CULTES.

La liberté des cultes entraîne la liberté de conscience et nous préserve du despotisme d'un seul. Mais le culte de la nature, à la portée de toutes les intelligences, et la doctrine du Christ sans allégories ni mystères, sont seuls capables de réunir tous les hommes dans un grand et magnifique concert. Nous n'en aurions pas moins de respect pour la religion de nos pères, ni moins d'admiration pour ces antiques basiliques dont les tours et les flèches signalées de loin, semblent lancer vers le ciel nos très-humbles prières.

LIBERTÉ DE L'ENSEIGNEMENT.

La liberté de l'enseignement semble jurer contre certaines congrégations qui ne savent vivre que de privilèges ; si l'intérêt général venait à parler, les membres de ces congrégations, hommes d'ailleurs estimables, pourraient trouver un dédommagement dans l'enseignement public ou privé, dans les séminaires et le clergé, dans la propagation de la doctrine du Christ et des principes de 89. Leurs talents éprouvés pourraient se produire dans l'enseignement des trois règnes de la nature en vue de Dieu, de l'homme, du Monarque et du peuple.

LIBERTÉ DE LA PRESSE.

La liberté de la presse est nécessaire pour éclairer le pouvoir et le peuple, pour défendre la justice et la vérité, pour flétrir la trahison, le mensonge et l'erreur ; mais cette liberté ne doit jamais dégénérer en licence par l'attaque injurieuse des personnes qui gouvernent ou qui administrent.

LA FOI.

Nous n'adorons pas les idoles, mais nous pensons que le souverain juge agrée les vœux d'un cœur simple et sincère par quelque voie que ces vœux lui parviennent. La foi est dans

la raison de l'homme et dans les simples paroles du Christ dégagées de l'enthousiasme et
du style du temps. Le Christ avait prêché clai-
rement, simplement, et les passions des
hommes ont tout obscurci. Il disait cependant
à ses disciples : « On n'allume point une chan-
delle pour la mettre sous le boisseau ; mais on
la met sur le chandelier où elle éclaire tous
ceux qui sont dans la maison.

Vous êtes le sel de la terre ; si le sel perd
sa saveur, avec quoi la lui rendra-t-on ? Il ne
vaut rien qu'à être jeté dehors et foulé aux
pieds par les hommes. » Rendez au sel sa
saveur, et vous rendrez aux hommes la morale et la foi. »

CONCILE.

Il faut assembler un concile, dit Cérutti :
» Admirable invention !
» Assemblez des Théologiens, vous verrez
» s'ils réformeront le fanatisme.
» Assemblez des Procureurs, vous verrez
» s'ils réformeront la chicane.
» Assemblez des Fermiers généraux, vous
» verrez s'ils réformeront les concussion-
» naires.

» Assemblez des geôliers, vous verrez s'ils réformeront les cachots.

Quelle assemblée pourra concilier le dogme de l'infaillibilité avec l'instruction obligatoire?

TOUT EST DANS LA CHARITÉ.

Chacun est libre de suivre les inspirations de son cœur; mais on se repent tôt ou tard d'avoir dérangé l'ordre moral, d'où sortent la vérité, la justice et la charité complément du devoir.

Nous entendons par charité l'amour de Dieu et du prochain; mais on entend aussi par ce mot, l'aumône que l'on fait aux pauvres, à propos de laquelle le Christ a dit :

« Quand tu fais l'aumône, il faut que ta main » gauche ignore ce que fait ta main droite. » Cela me rappelle un vénérable fonctionnaire de Louis XVIII qui, tous les samedis, réunissait devant sa porte une vingtaine de pauvres. Après les avoir fait poser pendant une bonne heure, il descendait dans la rue pour distribuer à chacun *coram publico*, la misérable somme d'un liard, tandis que certaines familles pauvres donnent, sans ostensation, plus d'un sou de pain par semaine.

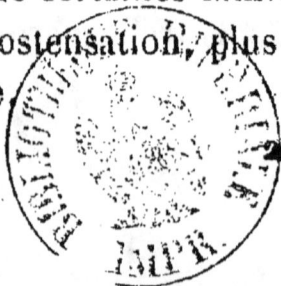

SOCIÉTÉ.

L'homme est né pour la société, et cette société sagement constituée doit être heureuse au même titre que l'homme est heureux quand il fait le meilleur usage de ses facultés. Pour tirer le meilleur usage des facultés de l'homme, il importe de perfectionner les esprits par des connaissances utiles, et de cultiver tous les cœurs par l'étude de la nature en vue de Dieu, de l'homme, de la patrie.

LA PATRIE.

La patrie est notre père, notre mère, nos frères, nos amis, nos concitoyens, nos enfants; c'est notre foyer domestique, notre champ, notre bien, notre pays, nos frontières. Enfin le mot patrie résume en lui seul tous les objets de notre affection, de notre tendresse et de nos respects. Aimer la patrie, c'est le fait d'un homme vertueux et d'un bon citoyen, La mort la plus glorieuse et la plus désirable, c'est celle de l'homme qui succombe pour la patrie.

C'est avec l'amour de la patrie que nos

pères purent formuler et défendre les grands
principes de 89, que Bonaparte conduisit ses
soldats à la victoire, et que Lamartine par son
éclatant manifeste pétrifia l a coalition des peuples et des rois.

Plus de patrie, plus de nation, et partant
plus de principes.

La patrie n'est qu'un mot, dites-vous ?
Misérables ! vous ne méritez que des chaînes !

MOEURS PUBLIQUES.

Le gouvernement fait les mœurs publiques.
S'il rapporte tout à la fortune, chacun tire de
son côté pour en avoir sa part. Le pouvoir ne
peut pas toujours résister à des entraînements
indicibles, et la nation se divise en familles extrêmement riches, et en familles extrêmement
pauvres qu'on est obligé d'assister au risque
d'entretenir l'oisiveté, la corruption et le vice.
Entre ces deux extrêmes se trouve la partie
productive de la nation qui sent plus que les
autres la surcharge de tous les impôts. Partout
la difficulté de vivre et le besoin de jouir con-
seillent des duperies, des faillites, des vols,
et des meurtres qui épouvantent le monde. Le
mécontentement se manifeste par des résistan-

ces , des soulèvements et des grèves qu'on peut comprimer pour un temps ; mais la force n'est véritablement efficace que lorsqu'elle est appuyée par la raison , la justice et l'intérêt de tous. Sans ce dernier appui, un gouvernement quelconque est un édifice bâti sur le sable. Mais si, fort d'une constitution équitable, le gouvernement n'accorde ses faveurs qu'au mérite et à la vertu, il a une règle de conduite que tout le monde approuve, sa puissance devient plus grande et sa tâche beaucoup plus légère. Chacun étant intéressé à bien faire, une émulation salutaire se communique à tout le corps de l'empire, et l'intérêt général est la base ou le roc sur lequel est bâti l'édifice. La pluie vient, le torrent se déborde et l'édifice résiste, parce qu'il est bâti sur le roc. Alors le maître de la maison est aimé de tous ceux qui l'habitent , parce qu'il les a préservés du torrent.

SUFFRAGE UNIVERSEL.

A la vue d'un paysan , d'un ouvrier , d'un homme de peine , un honorable ami me dit : « Vous voulez donc que cet homme ait une voix aussi prépondérante que la nôtre pour l'élection du Monarque ? » Pourquoi pas , lui dis-je. N'a-t-il pas comme nous sa place au soleil et son utilité dans le corps social? ne paie-t-il pas une patente pour l'état qu'il exerce, un impôt pour la maison qu'il habite, pour le champ qu'il laboure? ne peut-il pas aimer et servir comme nous son monarque, ses concitoyens, son pays, sa patrie? La différence que je remarque entre cet homme et nous, c'est qu'il agit d'après son bon sens et que nous n'agissons souvent que d'après nos préjugés, nos passions, notre orgueil.

Cet homme, dites-vous, n'est pas assez éclairé pour choisir le plus digne; mais le peuple de la primitive église qui choisissait les évêques, celui qui plus tard 'fit le consulat, le premier et le deuxième empire, n'était pas plus éclairé que celui d'aujourd'hui. Si l'on croit avoir mieux d'un peuple plus éclairé, que ne s'empresse-t-on de le faire instruire? En attendant, le suffrage universel est le soutien de la dynastie et le droit divin de l'empire. Témoin cette réponse d'un brave officier à propos du gouvernement et du chef de l'état : « Le soldat » ne connaît ni gouvernement ni nom propre ; » il sait seulement qu'il doit défendre l'élu de » la nation.

La société du suffrage universel a naturellement choisi le plus digne ; mais quelque bien intentionné que soit ce plus digne , il ne pourra se défendre des mauvaises passions du dehors qu'en s'appuyant sur une constitution issue de son principe et sur le conseil des anciens *seniores*. J'entends par ce mot des hommes de plus de 60 ans, exempts de préjugés et d'esprit de parti, assez riches de biens, d'expérience et d'honneur, pour n'avoir rien plus à cœur que la grandeur de la nation, la satisfaction du Monarque et le bonheur du peuple.

ARTICLE 75 DE LA CONSTITUTION DE L'AN VIII.

Cet article qui fut une excellente mesure de précaution contre les républicains en délire , devint bientôt inutile par les sentiments de devoir et d'honneur que le premier consul savait si bien inspirer à tous ceux qui se montraient dignes de le servir. Il ne fut pas même regretté par certains fonctionnaires d'un rang inférieur qui auraient pu y trouver un motif de relâchement ou de vanité oppressive également funeste au pouvoir et au peuple. Les fonctionnaires étant faits pour servir le pouvoir et le peuple , ne sauraient avoir trop de zèle pour le pouvoir, ni trop de politesse envers un peuple poli.

Vers 1829, ma céleste épouse avait oublié de remplir une petite formalité sur un titre de rente, l'employé qui déjeûnait, homme irritable et sanguin dit sans la regarder : « Bientôt on ne nous enverra que des ânes. » — « On ne vous les enverra pas, dit à l'instant la digne cousine de Condorcet; ils sont là qui déjeûnent »; et les autres employés d'applaudir.

PEINE DE MORT.

Les mauvaises passions nous rendent si aveugles que malgré les grands crimes qui effraient la société, on parle d'abolir la peine de mort. Si un individu quelconque peut tuer celui qui attente à sa vie, à plus forte raison la société peut donner la mort au scélérat qui la trouble et la met en danger. Ce n'est qu'en lui ôtant la dernière espérance qu'elle pourra cesser de le craindre

Socrate dit que les états ont établi la peine de mort contre les plus grands crimes, parce qu'ils n'ont pas trouvé de peine plus effrayante pour arrêter l'injustice.

INSTRUCTION OBLIGATOIRE.

On doit obliger les enfants vagabonds et oisifs à se rendre à l'école ; mais l'Etat est plus intéressé que tout autre à faire respecter l'autorité paternelle. L'enfant qui pendant un certain nombre d'années fréquente l'école, ne vaudra jamais ce laboureur habitué dès l'enfance à garder les troupeaux, à remuer la terre, à servir ses parents ; mais il n'est par de père qui refuse d'envoyer son enfant à l'école deux ou trois heures par jour, surtout si l'état exige que cet enfant sache lire et écrire pour avoir un jour le droit de voter et d'arriver aux emplois. Il semble donc de l'intérêt de l'Etat et du peuple que l'enfant soit obligé de se rendre à l'école depuis une heure jusqu'à quatre en hiver, et depuis deux heures jusqu'à six en été.

CAUSES DE LA RUINE DES MONARCHIES D'APRÈS SULLY, MINISTRE D'HENRI IV.

1º Les subsides outrés.

2º Le grand nombre d'emplois publics et les frais qui en résultent.

3º L'autorité excessive de ceux qui les exercent.

4° Les frais, les longueurs et l'iniquité de la justice.

5° Le luxe et la corruption des mœurs.

6° Les guerres injustes et imprudentes.

7° Le despotisme des souverains.

8° Leur attachement aveugle à certaines personnes.

9° La cupidité des ministres et des gens en faveur.

10° Le mépris et l'oubli des gens de lettres.

11° L'infraction des bonnes lois.

CONCLUSION.

Les anciennes monarchies ont péri parce qu'elles étaient fondées sur une base essentiellement périssable : la corruption, la force et l'erreur.

Les républiques les plus durables ont été absorbées par la force ou l'ambition du génie également périssable.

Mais la monarchie du suffrage universel, nécessairement fondée sur l'intérêt de tous, sera aussi durable que le monde si le suffrage quinquennal peut être appliqué à toute personne publique qui, par caprice, faiblesse ou coupable intérêt, pourrait empêcher l'action de la charité et de la justice.

Alors au lieu de dire faussement :

Divisez pour régner,
La fin justifie les moyens ;
Éteignons les lumières ;

On dirait avec vérité ;

L'union fait la force ;
Les moyens criminels ne sont jamais excusables.
Eclairez le peuple comme le soleil éclaire le monde.

Le peuple ne demande qu'une justice équitablement distribuée. L'intérêt du Monarque est de la faire appliquer.

En attendant que le suffrage quinquennal puisse satisfaire l'intérêt du Monarque et du peuple, écoutez l'apologue :

Les grenouilles souffrant dans leurs demeures arides, poussaient des cris vers le soleil ; une d'elles leur dit : «Vous vous plaignez d'un seul soleil, que feriez-vous s'il vous en venait trente? »

Toute société a besoin d'un chef; il est mieux d'en avoir un que plusieurs; mais avec les tendances républicaines et l'avidité de la réaction, la société est intéressée à éloigner les erreurs, les privilèges et les abus pour établir sa dynastie sur la raison et l'intérêt de tous.

Voir le second chapitre dans l'Ébauche, pages 71 et suivantes.

Toulouse, imprimerie Pinel, place Louis-Napoléon, 5.

www.ingramcontent.com/pod-product-compliance
Lightning Source LLC
Chambersburg PA
CBHW060816280326
41934CB00010B/2714